AF257610

DISCOURS

PRONONCÉ

DANS L'ÉGLISE RÉFORMÉE

DE BORDEAUX,

Et suivi du chant du Te Deum ; le 15
Novembre 1801 , jour d'actions de
grâces pour la paix générale.

« Que tout le monde soit soumis aux puissances supérieures ;
« car il n'y a point de puissance qui ne vienne de Dieu ; Et c'est
« lui qui a établi toutes celles qui subsistent. C'est pourquoi qui
« conque résiste aux puissances, résiste à l'ordre que Dieu a
« établi ; et ceux qui y résistent, en porteront la peine dans leurs
« personnes. Romains, chap. 13. v. 1. 2.

A BORDEAUX ;

Chez BURKEL, Imprimeur-Libraire, allées de Tourny.

AN X.

DISCOURS

PRONONCÉ

DANS L'ÉGLISE RÉFORMÉE

DE BORDEAUX,

Et suivi du chant du Te Deum *; le 15 Novembre 1801 , jour d'actions de grâces pour la paix générale.*

« Jérusalem , que la paix soit dans tes murs , et la prospérité » dans tes palais ! Psaume 122. v. 7.

MES FRÈRES,

Les paroles que nous venons de vous lire, sont bien différentes de celles qui sortent, pour l'ordinaire, de la bouche des Rois. Une longue et triste expérience nous apprend que la plupart de ceux qui sont élevés sur le trône, au lieu de désirer le bien public, ne cherchent que leur intérêt particulier. A peine revêtus du pouvoir suprême, ils se voient entourés des flatteurs qui leur cachent la vérité, pour les repaître de mensonges : séduits par des louanges perfides, enivrés par la vapeur d'un encens continuel, leur cœur se trouble, leur esprit s'égare, leur raison se perd ; ils se croient des dieux, et ils oublient qu'ils sont hommes. Aveuglés par les prestiges de l'orgueil et de l'ambition, ils ne craignent pas d'entreprendre des guerres injustes, et de faire couler le sang humain : peu leur importe que les peuples soient malheureux, pourvu qu'ils puissent satisfaire les passions qui les agitent et qui les tourmentent. Mais s'il y a des princes qui se dégradent par leurs vices, il en est aussi qui se distinguent par leurs vertus. David nous en offre un illustre exemple. Animé de l'esprit de Dieu, il n'ignorait pas que la providence l'avait placé sur le trône d'Israël, pour être le bienfaiteur et le père de ses sujets ; il savait que les guerres les plus heureuses ont toujours des suites funestes, et qu'un état ne peut fleurir qu'au sein de la paix et de l'abondance : aussi le voyons-nous, brûlant d'amour pour sa patrie, s'occuper sans cesse de son bonheur ; et moins roi que citoyen, faire les vœux les plus ardens pour la paix et la prospérité de Jérusalem.

C'est ainsi, M. F., qu'animés des mêmes sentimens pour notre chère patrie, nous formions les mêmes vœux pour sa félicité.... Enfin le ciel exauce nos prières ; et après dix années de révolutions, de succès et de revers, de triomphes et de calamités, la paix est donnée au monde ; elle vient réparer nos malheurs passés, et nous assurer le plus heureux avenir..... O France ! O patrie ! Mère tendre ! Nous te saluons..... Reçois l'hommage de tes enfans.... Et toi bienfaitrice du genre humain, paix désirée, autant que désirable, descends du ciel pour réjouir la terre ; établis parmi nous ton glorieux empire ; guéris nos maux, sèche nos larmes, comble-nous de tes biens, et inonde nos âmes des douceurs dont tu es la source féconde !...

Je diviserai mon discours en deux parties. Dans la première je considérerai les précieux avantages que la paix nous procure. Dans la seconde, je développerai les devoirs qu'elle nous impose..... Venez, chrétiens, venez méditer un sujet si intéressant et qui vous touche de si près ; venez admirer les bienfaits de Dieu et vous pénétrer des sentimens qu'ils doivent vous inspirer... Venez, et unissez vos cœurs et vos voix pour vous écrier dans un saint transports : *c'est ici la journée que le seigneur a faite, égayons-nous tous ensemble et nous réjouissons en elle. Amen.* *

---

* Ps. 118. v. 24.

PREMIÈRE PARTIE.

Les avantages que la paix nous procure sont en si grand nombre, qu'il est impossible de les retracer dans un seul discours ; ils forment un tableau si vaste et si touchant, que nous sommes forcés de ne vous en offrir que les principaux traits.

Et dabord la paix met un terme aux maux inséparables de la guerre. On ne peut douter qu'il n'y ait des cas où la guerre ne soit juste, et même nécessaire. Si la nature nous donne le droit de nous défendre contre un ennemi qui nous enlève notre fortune, ou qui attente à notre vie, à combien plus forte raison un peuple est-il autorisé à repousser, ou à prévenir les attaques d'un autre peuple qui veut nuire à sa sûreté, ou à celle de ses alliés ? Mais ce n'est qu'à la dernière extrémité qu'on doit recourir à la force des armes. Car, de tous les fléaux qui tourmentent le genre humain, le plus terrible et le plus à craindre est celui de la guerre. Que de malheurs ne traîne-t-il pas à sa suite ! L'agriculture languit, le commerce se paralyse, la population s'affaiblit, la confiance s'éloigne, les ressources s'épuisent, la misère s'accroît, les mœurs se corrompent, la licence se répand, le vol, le pillage, le meurtre, tous les crimes se commettent ; le sang coule à grands flots, et

les hommes ressemblent plus à des bêtes fé-
roces qui se déchirent, qu'à des êtres doués
d'intelligence et de raison. Pour vous donner une idée des maux de la guerre, vous
transporterai-je sur les champs de bataille ?
Peindrai-je à vos yeux deux armées égale-
ment nombreuses et aguéries, en présence
l'une de l'autre, et animées par les regards
et l'exemple de leurs chefs ? Vous représen-
terai-je ces deux vastes corps s'observant
en silence, employant tantôt la force, et
tantôt la ruse pour se donner réciproque-
ment le change ; sachant, tour-à-tour, avancer ou reculer, attaquer ou se défendre,
et prêts à fondre l'un sur l'autre avec une
égale fureur....? Déjà le signal est donné ;
le son des instrumens belliqueux se fait entendre ; on s'ébranle, on s'avance, l'airain
tonne, la foudre éclate et vomit, avec fra-
cas, l'épouvante et le carnage ; une épaisse
fumée obscurcit les airs, le ciel est en feu,
la terre est ébranlée, les vallons et les montagnes semblent s'écrouler et menacer le monde d'un bouleversement universel ; la mort,
aussi prompte que l'éclair, vole de rang en
rang et frappe les plus intrépides ; ici, l'ami
voit tomber son ami ; là, le frère voit périr son frère, et il expire bientôt lui-même
en voulant le venger ; de tous côtés on
n'aperçoit que ruines, dévastations, cada-
vres, morts ou mourants..... Grâces à Dieu,

nous n'avons pas été témoins de ces scènes épouvantables, et nous ne les connaissons que par la voix de la renommée....! Mais c'est à vous, plaines de la Belgique, provinces de l'Allemagne, de l'Espagne et de l'Italie où se livrèrent les combats les plus meurtriers, villes fortifiées par l'art et par la nature, et qui, prises et reprises, vîtes les vieillards, les femmes et les enfans massacrés sans pitié ; fleuves grossis par des ruisseaux de sang, rivages qui retentîtes de la joie des vainqueurs et des cris des vaincus, c'est à vous de nous peindre les malheurs de la guerre, et à nous faire sentir tout le prix de la paix....! O fatale nécessité ! O déplorable destinée ! Ce sont des hommes qui ont fait périr d'autres hommes ! Ce sont des chrétiens qui ont donné la mort à d'autres chrétiens....! Ne faudrait-il pas avoir renoncé à tout sentiment d'humanité et de religion, pour être insensible à tant de calamités....!

Mais quelque célèbres que soient nos victoires, ne nous coûtent-elles aucun sacrifice ? N'avons-nous jamais essuyé de revers..? Ah ! que de victimes ont été immolées ! Que de héros qui ont péri dans les combats, qui ont été foulés aux pieds des chevaux, ou passés au fil de l'épée, ou ensevelis dans les ondes ! Que de veuves, que d'orphelins cette longue et désastreuse guerre n'a-t-elle pas faits....? Est-il un royaume, une province, une ville, une famille qu'elle n'ait pas plongé dans le deuil...? Les pères et les mères qui avaient encouragé leurs enfans à voler à la défense de la patrie, auront-ils la consolation de les revoir...? Hélas! Aux larmes de joie que la paix nous arrache, nous sommes forcés de mêler les larmes de la douleur; et tandis que ce jour nous rappelle le souvenir de nos triomphes, il nous retrace encore l'image de nos infortunes..... Ah! cruels qui avez allumé le feu d'une guerre qui a ravagé les quatre parties du monde, qui a moissonné la fleur de la génération présente, et qui aurait creusé le tombeau du genre humain, si on ne s'était hâté d'éteindre ses flammes dévorantes, comment oserez-vous paraître devant le juge suprême, si vous êtes obligés de lui rendre compte de tout le sang que vous avez fait répandre....!

La paix affermit pour toujours l'édifice de la révolution. Quoique la République soit l'ouvrage de plus de vingt - cinq millions d'hommes, et qu'elle ait été défendue par des armées nombreuses et aguerries, néanmoins, comme son existence et sa conservation dépendaient du succès de nos armes, elle pouvait être étouffée dans son berceau. La victoire ne se déclare pas toujours pour la bonne cause. Nos troupes, malgré leur

courage et l'habileté de leurs chefs, pou-
vaient essuyer des revers qui auraient mis
la patrie en danger. Eh ! si les ennemis au
lieu de tant de défaites qu'ils ont éprou-
vées, n'avaient obtenu que de triomphes...
Si nos frontières avaient été envahies, nos
forteresses renversées, et que des soldats
barbares, animés par la vengeance et par
l'espoir du pillage, eussent inondé notre
territoire.... Si nous les avions vus l'audace
sur le front, la rage dans le cœur, le blas-
phême à la bouche, le fer à la main pénétrer dans nos paisibles foyers, violer l'a-
syle de nos familles, et sans respect pour
la tremblante vieillesse, ni pour la timide
innocence... Si..... Vous frémissez à l'idée du
danger qui nous menaçait....! Mais la paix
dissipe toutes nos craintes ; elle nous ga-
rantit la jouissance des avantages que nous
avons obtenus par nos victoires ; parce
qu'elle est solide et glorieuse. Les ennemis qui se flattaient de nous replonger
dans les fers, et qui, dans le délire de
leur imagination, se partageaient nos dé-
pouilles, sont tombés dans le précipice
où ils croyaient nous jetter : ils ont subi la
loi qu'ils voulaient nous imposer. Nous les
avons réduits à l'heureuse impuissance de
nous nuire. Bien plus, obligés de nous dédommager d'une partie de nos sacrifices,
les uns ont été soumis à de fortes contri-

butions , et nous ont restitué l'or qu'ils avaient eu l'adresse de nous enlever : les autres nous ont cédé de riches provinces qui ont été réunies au territoire de la République. Par cette sage réunion , notre situation politique et commerciale devient plus avantageuse pour nous , et plus redoutable à nos ennemis. Nous avons pour frontières , les bornes que la nature semble avoir posées , pour faire de la France , le plus puissant et le plus bel empire de l'univers...... O ma patrie , le ciel et la terre ont fait tout pour ton bonheur ! A l'abri des feux brûlans de l'été , et des glaces funestes de l'hiver , tu jouis d'un printems éternel. Placée entre deux mers qui t'ouvrent des communications faciles avec toutes les parties du globe ; défendue par des montagnes qui te servent de remparts et de réservoirs , un fleuve large et profond marque tes limites , et les embellit en les protégeant.... Coulez, coulez ondes fugitives du Rhin , délivrées du joug du despotisme , énorgueillissez-vous d'arroser , depuis votre source jusqu'à votre embouchure , la terre sacré de la liberté...

La paix , en dissipant nos craintes au dehors, nous assure la tranquillité au dedans. Combien notre situation était déplorable , M. F. , avant le jour heureux où le génie et le courage s'unirent, pour renverser un gouvernement usurpateur et tyrannique !

Hélas ! tandis que nos armées victorieuses remplissaient le monde du bruit de leurs victoires, et que toutes les bouches s'ouvraient pour nous proclamer vainqueurs de l'Europe, une poignée de scélérats nous subjuguait dans l'intérieur ! Jouets de leurs passions, ou de leurs caprices, nous étions, tour-à-tour, victimes des partis qui se disputaient l'autorité ; et nous ne sortions d'un péril que pour retomber aussitôt dans un autre. Naissance, fortune, talens, vertus, tout était un titre de proscription. Nos jours s'écoulaient dans les larmes et dans les angoisses ; et chaque instant de la vie, nous présentait l'image de la mort. Balloté par le choc des factions, l'état ressemblait à un vaisseau sans pilote et sans gouvernail, et qui battu de la tempête, fait eau de toutes parts, et est menacé à la fois, de périr sur les écueils, ou d'être enseveli dans les ondes, ou de devenir la proie de quelque pirate. Mais la paix le ramène au port, après une longue et difficile navigation ; elle éteint les torches de l'anarchie sanguinaire ; elle déchire le bandeau du fanatisme persécuteur ; elle anéantît toutes les factions criminelles qui ne se sont signalées que par des forfaits, et leur enlève l'espoir de renaître jamais de leurs cendres.

La paix ouvre les sources de la prospérité nationale. Qu'il est difficile, M. F., de procurer le bien public , sans froisser une foule d'intérêts particuliers ! Les révolutions politiques sont dans l'ordre moral , ce que sont les tempêtes et les tremblemens de terre dans l'ordre physique. Qui mieux que nous en a fait l'expérience ? Dans l'espace de quelques années , nous avons éprouvé les malheurs de plusieurs siècles... Mais ne perdons pas courage : déjà nous appercevons l'aurore du beau jour qui doit luire sur la France , et nous dédommager de nos privations et de nos sacrifices. La paix va rendre à l'agriculture et aux arts , les milliers de bras destinés à combattre nos ennemis. Cultivée par des mains victorieuses , la terre se montrera aussi prodigue de ses dons , qu'elle en était auparavant avare : délivrés de la servitude, les campagnes offriront partout le tableau touchant de l'abondance , de la joie et du bonheur. Débarassé de ses entraves, le commerce recouvrera son activité naturelle et son ancienne splendeur. Dans nos hameaux, comme dans nos villes , on contemplera le spectacle d'un peuple libre , industrieux et opulent. Bientôt reprenant notre prépondérance sur la mer , comme sur la terre , nos vaisseaux couvriront le vaste océan , et nous apporterons le tribut de toutes les parties du monde... Négocians qui aviez été forcés , par les malheurs des circonstances , de suspendre vos utiles spéculations, voici le moment de vous livrer aux affaires, et de rétablir votre fortune ruinée. Artisans qui manquiez de travail, et qui ne pouviez vous procurer de pain à la sueur de votre visage, voyez les ateliers fermés se r'ouvrir, et appeler tous les genres d'industrie. Vaisseaux qui languissiez dans nos ports, sortez de votre inaction funeste; chargés des productions de notre sol, quittez ces rivages où vous avez été retenus trop long-temps ; partez... La mer libre, comme la terre, est impatiente de vous revoir ; à votre aspect, elle applanira ses ondes orgueilleuses pour se soumettre à votre empire ; ses flots indociles se courberont pour accélérer votre course, des vents favorables enfleront vos voiles pour vous conduire sur des bords étrangers, et vous ramener comblés de nouvelles richesses..... Peuple Français, peuple généreux qui as tant souffert pendant les orages de la révolution, qui as porté ton dévouement pour la patrie jusqu'à l'enthousiasme, et la patience jusqu'à l'héroïsme, tu vas recevoir la récompense de tes vertus.... Et toi, Cité bénie du Ciel, Ville où je me félicite d'exercer un ministère de paix, quel avenir heureux la providence te prépare ! Je vois déjà tes pertes réparées, tes larmes taries, ton commerce florissant et ta prospérité consolidée. Je vois les habitans du nord et du midi , attirés par la beauté de ton ciel , par la douceur de ton climat , par la fertilité de ton sol , par l'admirable situation de ton port , par l'urbanité de tes citoyens , venir en troupes fixer leur séjour dans tes murs fortunés , ranimer ton industrie , étendre tes relations , accroître tes richesses , multiplier tes jouissances , orner tes édifices , embellir tes places. Je vois les talens , les sciences et les arts, encouragés par l'espoir d'une juste récompense , briguer ton suffrage , enfanter des prodiges sans nombre, et mettre le comble à ta gloire. Je vois ta vaste enceinte s'aggrandir chaque jour , égaler bientôt celle de la capitale , et Bordeaux rivaliser avec Paris.....!

.Au sein de la prospérité , nous jouirons d'un spectacle bien intéressant ! La paix va réunir à leurs familles et à leurs amis , les français que la guerre en avait séparés. Nos armées triomphantes rentreront dans leur patrie pour y recevoir le prix de leur courage , et les bénédictions de tous les citoyens. Nous les verrons ces braves défenseurs couverts de lauriers et de cicatrices glorieuses ; nos cœurs attendris voleront sur la trace de leurs pas ; nos mains reconnaissantes poseront sur leurs fronts victorieux , des couronnes civiques , et nous les conduirons , en triomphe , dans les lieux qui s'enorgueillissent de les avoir vu naître... Pères sen

sibles , mères tendres , vous les verrez ces
enfans qui vous sont si chers , et qui vous
ont fait verser tant de larmes ; vous jouirez
du plaisir de les voir , de les entendre , de les
presser dans vos bras ; et vous aurez la consolation d'espérer , que ceux à qui vous avez
donné la vie , vous fermeront la paupière à
l'heure de la mort...!

La paix assure la félicité publique. On
ne peut le dissimuler , M. F. ; si , dans le
cours de la révolution , les français se sont
illustrés par des prodiges de génie et de courage ; s'ils ont beaucoup gagné du côté de
la célébrité , ils n'ont pas moins perdu du
côté des mœurs. Pour engager le peuple à
rompre ses fers et à conquérir sa liberté,
il fallait changer ses idées, dissiper d'anciens
préjugés, éclairer son esprit, élever et agran-
dir son être, et lui inspirer les plus généreux sentimens. S'il avait toujours été conduit par des guides fidèles, il serait par-
venu sans peine , à ses glorieuses destinées :
mais environné de factions qui , tour-à-tour,
l'ont caressé pour mieux le séduire , cha-
cune lui a soufflé les passions dont elle était
animée. Dès-lors , presque tous les principes ont été méconnus ; la licence a pris la
place de la liberté ; les vices ont été chan-
gés en vertus , et les vertus en vices , les
lois violées , les propriétés dévastées , les
talens méprisés , le mérite proscrit , la religion

ligion confondue avec la superstition et le
fanatisme , Dieu lui-même outragé jusques
sur son trône ; la calomnie , la vengeance
et la cruauté ont trouvé des apologistes ,
et tous les crimes se sont commis , à la faveur des troubles et de l'anarchie. Béni soit
Dieu ! Ces temps d'horreurs n'existent plus ,
quoiqu'ils aient laissé des souvenirs dou-
loureux. Mais un Gouvernement sage , juste
et puissant profitera de la paix pour cica-
triser les plaies de l'état , et pour rétablir
le règne des lois et de la religion , sans laquelle il ne peut y avoir de bonnes mœurs :
la volonté nationale sera exécutée , la justice
rendue , les talens encouragés , le mérite
récompensé , les vertus honorées et les vices
proscrits. Assurés des droits de citoyen ,
nous ne craindrons pas qu'on nous ravisse
ceux de chrétien. La liberté des cultes ne
sera plus un vain mot ; et nous pourrons
servir Dieu selon les lumières de notre conscience. Ramenés à leurs affections naturelles ,
les français libres et régénérés formeront un
peuple de frères ; et ils jouiront avec déli-
ces , de tous les bienfaits de la révolution.
C'est alors que les étrangers , instruits de
nos véritables sentimens , viendront dans
notre patrie admirer les chefs-d'œuvre de
nos arts , la sagesse de nos lois , et respirer
l'air pur et salutaire de la liberté : ils nous
apporteront leurs richesses et leur industrie ;

2

et touchés de notre bonheur, ils envieront la gloire d'être français.

Tels sont les avantages que la paix nous procure. Examinons les devoirs qu'elle nous impose. C'est ma seconde partie.

DEUXIÈME PARTIE.

Quelles actions de grâces ne devons-nous pas rendre à Dieu qui nous accorde la paix ! Je ne veux point, M. F., diminuer la gloire de nos armées, ni leur ravir les droits qu'elles ont à notre amour et à notre reconnaissance... Oui, légions triomphantes, et vous héros qui les avez si souvent conduites à la victoire, je sais que c'est par vos talens distingués, par votre prudence consommée et par votre courage indomptable, que vous avez gagné tant de batailles ; et que les rois qui nous faisaient la guerre, ont été contraints de nous demander la paix. Pénétré d'admiration pour vos exploits immortels, je vous témoignerais les sentimens qu'ils nous inspirent, si je ne craignais d'en affaiblir la force, en voulant les exprimer.... Mais en parlant de héros, tous les yeux se tournent vers toi, tous les cœurs te bénissent et toutes les bouches te célèbrent, invincible Bonaparte, toi qui dès ton aurore, as déployé les talens et les vertus

des vieux Capitaines , et éclipsé la gloire des
Alexandre , des César , des Turenne , et
des Condé.... Guerrier incomparable , le pa-
ganisme t'eût mis au rang de ses dieux ,
et la postérité , en lisant tes hauts faits ,
traitera de fabuleuse une vie où l'on ne trou-
vera que des prodiges.... Favori de la victoire , après avoir étonné l'Europe par la
grandeur de tes exploits , tu vas porter la
liberté , les sciences et les arts dans les lieux
qui jadis leur servirent de berceau , et d'où
la superstition et le fanatisme les avaient
bannis : ton éloignement répand la tristesse
et la désolation dans toutes les âmes ; la
fortune inconstante se lasse de nous proté-
ger ; fidèle pour toi seul , elle nous quitte
pour te suivre dans des régions lointaines ;
les revers succèdent aux triomphes ; la tyrannie directoriale étend son sceptre de fer ;
les proscriptions se renouvellent ; la patrie
allait retomber dans le précipice d'où ton
courage l'avait tirée ; et lorsque tu nous
étais ravi , que nous déplorions ton absen-
ce , et que nous craignions de t'avoir perdu
pour toujours , vainqueur de l'Égypte , tu
quittes le nouveau théâtre de ta valeur ,
et la providence te conduit , par un mira-
cle éclatant , sur les rivages de la France.
Tu reparais au milieu de nous , comme un
ange tutélaire qui descend du Ciel , pour
consoler la terre. A cette nouvelle inat-

tendue*, le crime frémit, la vertu se rassure, la joie électrise tous les cœurs, et ton retour est célébré par des fêtes publiques.... Nous te revoyons enfin ; et à peine nous es-tu rendu, qu'à ta voix la Discorde rentre dans les enfers ; les factions se dissipent, la tyrannie est renversée, la République triomphante, la liberté affermie, la religion protégée, l'ordre rétabli, la guerre terminée et la paix conclue.... Tour-à-tour, philosophe, législateur, héros, vainqueur et pacificateur, rien sans doute ne manque à ta gloire ; mais il manque à notre félicité, la satisfaction de t'offrir, nous-mêmes le tribut de notre amour et de notre admiration..... Ah ! si tu lisais dans nos cœurs... Si tu entendais nos jeunes enfans qui, à l'exemple de leurs pères, prononcent ton nom avec respect, avec transport, avec enthousiasme... Si tu voyais tout un peuple te louer, te bénir, te proclamer le sauveur de la patrie et le bienfaiteur du genre humain, ton âme sensible, ne pourrait contempler ce spectacle sans verser des larmes d'attendrissement ; et tu serais forcé de convenir, que notre reconnaissance est digne de tes bienfaits.... Vis, vis pour le repos du monde, et pour le bonheur d'un peuple que tu rends à la liberté.... Et toi grand Dieu ! conserve nous ce généreux libérateur que tu nous a donné dans ton amour ; accorde-lui tes grâces les plus précieuses ; couvre-le de l'ombre de tes aîles ; que tes anges veillent pour le garantir de tout danger ; qu'il achève l'ouvrage qu'il a commencé, et qu'il goûte, pendant long-temps, le plaisir si doux de faire des heureux.....

Mais, en rendant justice à nos armées qui ont vaincu, ne soyons pas ingrats envers l'Éternel qui les a fait vaincre. Eh! à quel autre, qu'à cet Être adorable, pourrions-nous attribuer les miracles sans nombre dont nous avons été témoins? Ne faudrait-il pas s'aveugler, pour méconnaître, dans l'évènement que nous célébrons, la main de la providence qui gouverne cet univers? N'est-ce pas un prodige, M. F., que la France attaquée au dehors par les puissances de l'Europe, déchirée au dedans par des factions cruelles, ait pu se défendre contre tant d'ennemis et en triompher? N'est-ce pas un prodige, que nos généraux dont les noms étaient inconnus avant la révolution, aient battu ces fiers capitaines que la renommée nous dépeignait comme invincibles? N'est-ce pas un prodige, que nos soldats réduits quelque fois au dénûment le plus absolu, sans pain, sans habits et sans armes, n'ayant pour toute science militaire que leur courage, aient pu attaquer, vaincre et dissiper ces phalanges étrangères, qui, se reposant sur leur nombre et sur

leur expérience , comptaient sur des victoires faciles ? N'est-ce pas un prodige , qu'à
la voix de la patrie ses enfans soient de-
venus des héros pour la défendre , et qu'ils
aient déployé cette valeur intrépide , avec
laquelle on les a vus si souvent , surmon-
ter les obstacles de l'art et de la nature ,
braver l'intempérie des saisons , forcer les
retranchemens , enlever les redoutes , passer
les fleuves à la nage , franchir les Pyrenées
et les Alpes , prendre des villes , soumettre des provinces , et conquérir des royau-
mes ? N'est-ce pas un prodige , que toutes
les trames aient été rompues , au moment
où on les avait ourdies , et que tous les
conspirateurs aient subi la peine de leurs
crimes ? Ne reconnaîtrions-nous pas à tant
de merveilles , le doigt de Dieu qui nous
protège....? Eh! dans quel temps nous pro-
cure-t-il de si grands biens ? C'est dans le
temps que nous l'avions presque abandonné!
Oui , c'est dans le temps que nous lui fai-
sions la guerre , qu'il nous donne la paix !
Et nous ne répondrions à ses bienfaits que
par une noire ingratitude ! Et nous ne serions
pas empressés de lui en témoigner notre reconnaissance ! Et nous ne ferions pas éclater
notre amour , notre joie , nos transports !
Et nous ne nous écrierions pas avec le roi
prophète : *mon âme bénis l'Éternel , et
que tout ce qui est au dedans de moi ,*

bénisse le nom de sa sainteté. Mon âme bénis l'Eternel et n'oublie pas un de ses bienfaits ! *

Puisque la paix est faite au dehors , conservons-la dans l'intérieur. De tous les devoirs que la religion prescrit, il n'en est aucun qu'elle nous recommande avec plus de soin , que celui de vivre en paix avec tous les hommes : elle nous enseigne que nous sommes tous enfans du même père , membres de la même famille , disciples du même maître , et destinés à la même félicité , si nous faisons le bien : elle nous dit , que *s'il se peut , et autant qu'il dépend de nous , nous ayons la paix avec tout le monde.* ** D'accord avec la religion , la patrie nous impose le même devoir. Comme citoyens, nous sommes obligés de contribuer au bonheur de la société , chacun selon la mesure de nos talens et de nos forces : mais quel avantage pourrions-nous lui procurer , si au lieu de nous unir , nous ne cherchions qu'à nous diviser ? Ne nous exposerions-nous pas au danger de perdre la liberté que nous avons conquise , et de nous replonger dans l'esclavage d'où nous sommes sortis ? *Tout royaume divisé contre lui-même sera réduit*

---

* Ps. 103. v. 1.2.

** Rom. 12. v. 18.

en désert. * D'ailleurs, que diraient les puissances étrangères, si après les avoir contraintes à demander la paix, nous allumions, parmi nous, le feu de la guerre ; et si, après n'avoir pu nous vaincre par la force des armes, elles nous subjuguaient, à la faveur de nos divisions ? Quels fruits retirerions-nous de tant de victoires et de sacrifices ? Hélas ! du faîte de la gloire, nous tomberions dans le plus honteux avilissement ; et le premier peuple du monde, deviendrait la risée et le mépris de l'univers..!

Je n'ignore pas, M. F. , que les malheurs inséparables d'une grande révolution, ont extrêmement divisé les esprits et aigri les cœurs. Je sais que beaucoup de citoyens ont fait des pertes énormes ; qu'ils ont reçu des plaies qui saignent encore, et qui ne se cicatriseront peut-être jamais. Bien loin de condamner les larmes qu'ils répandent, je partage leur juste douleur, et je voudrais pouvoir en adoucir l'amertume....... Mais je les conjure d'ouvrir les yeux sur l'abîme où ils se précipiteraient infailliblement, s'ils sortaient des bornes d'une sage et prudente modération. Je leur demande, si, en se livrant à la vengeance, ils ne renouvelleraient pas les scènes sanglantes qui ont souillé les pages de notre histoire ;

---

* Math. 22. v. 25.

et si , en perdant la patrie , ils ne se per-
draient pas eux-mêmes avec elle....? Ah !
connaissons nos vrais intérêts. Oublions le
passé , en faveur du présent et de l'avenir.
Ce sacrifice est absolument nécessaire à la
tranquillité publique dont nous avons besoin ; au bonheur de la patrie qui le demande ; à la gloire de la religion qui le prescrit.... O français ! O mes chers compatrio-
tes , montrez des sentimens qui vous honorent
aux yeux des peuples et de la postérité...
Que le jour de la paix soit le jour d'une
réconciliation générale... Volez dans les bras
les uns des autres... Qu'un chaîne d'amour
vous serre pour jamais... Unissez vos cœurs ; et
qu'une si belle union fasse le charme de votre
vie , la joie du ciel, et l'admirationde la terre....

La loi étant l'expression de la volonté
générale , il est juste et nécessaire que tous
les citoyeus s'y soumettent. Quand elle parle ,
ils doivent obéir. Celui qui la viole , ou
qui en favorise la violation , se déclare ennemi de la société ; il méconnaît l'autorité
de Dieu qui a fondé les empires , et il
subira tôt ou tard la peine de son crime.
Rallions-nous donc autour d'un Gouvernement protecteur , qui a déjà réparé tant de
maux , et qui nous promet tant de biens ;
et que les magistrats qui en tiennent les
rênes , ne trouvent par-tout que des citoyens
soumis , reconnaissans et fidèles.

Mais pour parvenir à ce but désirable, il n'est point de voie plus sûre que celle qui nous est tracée dans l'évangile. Je sais, M. F., que les ennemis de la religion ont répandu contre elle les calomnies les plus atroces. Les uns ont osé lui attribuer tous les maux qui affligent l'humanité, et lui reprocher des crimes qui sont l'ouvrage des passions et des vices : les autres n'ont pas craint de dire qu'une société de vrais chrétiens ne pourrait jamais subsister. Ces calomnies anciennes se sont renouvelées de nos jours, avec un acharnement sans exemple ; de sorte que nous voyons, à la honte de ce siècle de lumières, la religion méconnue et outragée par ceux-là mêmes qui ont le plus d'intérêt à la défendre. Il serait aisé de confondre ces vils calomniateurs, et de les convaincre d'ignorance, ou de mauvaise foi, quoiqu'ils s'arrogent les titres de savans, de philosophes. Depuis qu'il existe des peuples, on n'en a point vu vivre sans religion ; tous reconnaissent que naturelle à l'homme, elle est absolument nécessaire au maintien et au bonheur de la société. Si l'expérience prouve que des ambitieux ou des pervers s'en soient servis quelquefois pour troubler le monde, ce n'est ni à sa doctrine, ni à sa morale qu'on doit attribuer ces malheurs ; mais aux passions qui abusent de ce qu'il y a de plus sacré. La religion chrétienne est la mère de toutes les vertus. Plus on observera ses préceptes , et plus on sera bon citoyen ; plus on respectera ses lois , et plus on sera soumis aux lois de la patrie. En gravant ses principes salutaires dans le cœur des français, elle formera le législateur fidèle , le magistrat intègre , le citoyen vertueux ; elle sera le boulevard de notre Constitution , l'appui du Gouvernement, la sauvegarde des mœurs , le fléau des vices , et la source de la félicité publique. Ah ! Si les hommes étaient assez sages pour en suivre les règles , ils jouiraient d'un bonheur parfait sur la terre , et ils se prépareraient une gloire immortelle dans le Ciel. Aimons donc cette religion sainte , M. C. F. ; et en croyant les vérités qu'elle enseigne , pratiquons les devoirs qu'elle prescrit. Repoussons, avec courage , les traits qu'on lui lance ; et prouvons, par notre exemple , qu'un bon chrétien est un bon citoyen.

Vous avez vu, M. F., quels sont les avantages que la paix nous procure, et les devoirs qu'elle nous impose. Sentons le prix des uns, et remplissons fidèlement les autres. C'est par là que nous montrons le parfait accord de la religion et de la politique ; et qu'après avoir joui des biens terrestres dans le temps, nous posséderons les biens célestes dans l'Eternité.

Sois donc à jamais béni , jour heureux ,

Jour désirable qui termines les maux de la guerre , et qui nous apportes les biens de la paix ! Jour après lequel la patrie, l'humanité et la religion soupiraient ! Jour qui dissipes tant de craintes , qui taris tant de larmes , qui cicatrises tant de plaies, qui consoles tant de cœurs désolés , que tous les français , que tous les peuples , que l'univers entier te louent et te bénissent avec nous.....! Assez , et trop long-temps , nous avons célébré les triomphes de nos armées ; qu'il est doux de célébrer le triomphe de l'humanité ! Assez , et trop long-temps , nous avons orné nos têtes des lauriers de la victoire , qu'il est beau de les couronner de l'olivier de la paix ! Assez, et trop long-temps , nous avons ordonné des fêtes nationales ; qu'il est glorieux de publier la fête du genre humain.....! Peuples du monde , ô mes semblables , jusqu'à quand serons-nous jouets et victimes des préjugés et des passions ? Jusqu'à quand étoufferons-nous cette voix intérieure qui crie à tous les hommes qu'ils sont faits pour s'aimer, et non pour se haïr ? Jusqu'à quand des êtres sensibles se déchireront-ils comme les tigres et les ours? Ah! la carrière que nous parcourons n'est-elle pas assez couverte de ronces et d'épines ; pourquoi flétrir les fleurs qui y naissent par intervalles? N'est-ce pas assez de nos chagrins particuliers , sans les aggraver par des malheurs publics ? La vie n'est-elle

pas assez courte, sans que nous hâtions l'instant qui doit nous la ravir ; et les maux de
l'humanité ne sont-ils pas assez nombreux,
sans y ajouter les calamités de la guerre....!
Puissances du siècle, princes, monarques,
chefs des nations, souvenez-vous que vous
êtes établis pour rendre les hommes heureux ;
et non pour en faire les instrumens de votre
ambition, ou de vos vengeances. Si vous
voulez affermir l'autorité qui vous est con-
fiée, et jouir des plaisirs de la grandeur, fai-
tes régner la justice et la paix. Pensez que le
titre de prince juste et pacifique est préférable
au titre de conquérant ; et que des victoires
qui étendent les limites de vos états, ne valent
pas celles qui vous gagnent les cœurs de vos
sujets. Que l'expérience du passé vous serve
de leçon pour l'avenir..... Aujourd'hui la
paix du monde est proclamée ; aujourd'hui
l'autel de la concorde universelle est dressé ;
tous les peuples le contemplent avec joie ; que
tous y apportent leur offrande ; qu'ils vien-
nent y immoler leurs préventions, leurs
rivalités ; et qu'ils y fassent le serment auguste
de vivre en paix, et de s'aimer en frères....!

Mais puis-je terminer ce discours, sans
exprimer une partie des sentimens qui nous
animent et qui nous pressent dans ce jour
solemnel ! Vous le savez, chrétiens, et Dieu
nous est témoin que nous n'avons cessé de
vous recommander d'aimer tous les hommes,

et particulièrement nos frères catholiques ,
parmi lesquels nous nous félicitons de vivre.
Vous le savez ; et nous pouvons dire à votre
louange , que vos cœurs ont toujours prévenu
nos exhortations. La constante harmonie qui
a régné entre les habitans de cette grande
ville , en est une preuve certaine. Quoique
divisés par des opinions religieuses , nous
n'avons pas moins été unis par les liens les
plus tendres.... Douce, touchante union que
l'humanité inspire , que la société réclame ,
et que l'Evangile commande , vous nous avez
garantis d'une foule de maux , et vous nous
avez procuré les plus grands biens....! Oui ,
nos chers frères , nous déclarons à la face du
ciel , que nous avons pour vous une vraie
cordialité ! La nature , la religion, la patrie ,
le sang qui coule dans nos veines , les vertus
qui vous distinguent , tout nous impose
l'obligation de vous aimer , et ce devoir est
un besoin pour nos cœurs. Seriez-vous in-
sensibles à des sentimens que vous nous ins-
pirez , et qui nous honorent? Comme vous ,
nous sommes des hommes , des français ,
des chrétiens. Nous adorons le même Dieu ;
nous invoquons le même jésus , et nous
attendons la même félicité. Si le dogme nous
sépare , la morale nous réunit. Nos devoirs
et nos espérances sont les mêmes. Que de
titres pour nous chérir ! Catholiques et Pro-
testants , oublions les erreurs et les fautes de

nos ancêtres , pour penser que nous sommes frères. N'ayons tous qu'un même esprit. Ne formons qu'un même vœu. Que l'amour de la patrie et de la religion nous enflamme ; et n'ambitionnons d'autre gloire que celle d'être bons citoyens et bons chrétiens.... Puisse cette union s'affermir chaque jour davantage ! Puisse-t-elle s'étendre d'un bout de la république à l'autre, et ne faire de tous les Français qu'une seule famille ! Puissent les Gouvernemens et les peuples abjurer les maximes d'une politique barbare , et adopter celles de la justice et de l'humanité ! Puisse le feu de la guerre s'éteindre pour toujours , et ne renaître jamais de ses cendres ! Puissent *les épées être changées en hoyaux ; et les hallebardes en serpes* ! * Puisse la paix régner sur la terre , comme elle est établie dans le ciel ! Et pour former un vœu plus digne de la solennité de ce jour, et de la sainteté de mon ministère , puissent tous les hommes être bientôt unis par les liens d'une même foi ; et après avoir pratiqué les mêmes vertus dans la vie présente , recevoir la même récompense dans la vie avenir....!

Grand Dieu qui as créé cet univers , qui le diriges par ta providence , et qui ne te lasses jamais de nous combler de biens , malgré notre ingratitude et notre corruption ; sois

---

* Isaïe 2. v. 4.

toujours le protecteur de notre patrie ; bénis les magistrats qui la gouvernent ; éloigne de son sein la guerre, la peste, la famine, les divisions et l'impiété source de tous les maux. Fais-y fleurir la foi, la piété, les bonnes mœurs, l'abondance et la paix. Conserve-nous cette précieuse liberté civile et religieuse que nous avons acquise par tant de sacrifices. Ne permets pas que nous en abusions pour vivre selon nos désirs déréglés : mais fais-nous la grâce d'en profiter pour réparer les brèches de l'Etat et de la religion, pour avancer ta gloire, pour édifier ton Eglise et pour nous rendre dignes de ta protection et de ton amour. Donne-nous *cette paix qui surpasse tout entendement ;* * cette paix de la conscience qui nous assure de notre réconciliation, et qui nous fasse espérer que tu nous recevras un jour dans la Jérusalem céleste, notre véritable patrie. Amen !

---

* Phi. 4. v. 7.

www.ingramcontent.com/pod-product-compliance
Lightning Source LLC
Chambersburg PA
CBHW051327060726
47596CB00004B/1512